Reinhold Kälberer

Orpheus
Im Banne der Lyrik

Reinhold Kälberer

Orpheus

Im Banne der Lyrik

Rediroma-Verlag

Bibliografische Information der Deutschen Nationalbibliothek:
Die Deutsche Nationalbibliothek verzeichnet diese Publikation in der Deutschen Nationalbibliografie; detaillierte bibliografische Daten sind im Internet über http://portal.dnb.de abrufbar.

ISBN 978-3-98885-287-8

Umschlagillustration : Ofenkachel, 18. Jh.

www.rediroma-verlag.de
15,95 Euro (D)

Inhalt

Frage und Antwort
So nett

„Hat die Muse Sie geküsst?"
Fragte mich ein liebes Wesen.
Ob ich auf dem Parnass gewesen,
Dass ich so viel' Verse wüsst.

Ob Polymnia ich gegrüßt,
Fragte sie sich wohl besorgt
Wer die Reime ihm besorgt,
Ob's das Leben ihm versüßt,

Oder ob er's bitter büßt,
Dass Apollo sie ihm borgt;
Ob Erato ihn verwöhnt,
Oder wem er sonst noch frönt.

Also sprach das holde Wesen,

Seufzt: „Wär ich's doch selbst gewesen!"

Paradox der Liebe

Was zieht mich zärtlich zu dir hin?
Was treibt die Flut zum weißen Sand?
Was lässt dich zögernd vor mir flieh'n?
Was hält die Ebbe fern vom Strand?

Bist Du die Ebbe - die Flut ich bin-
Wink nur von Ferne mit der Hand!
Lass Wolken, Sterne und Fluten zieh'n
Über das Meer, über das Land!

So sag ich denn: Wir müssen uns bescheiden.
Sonne und Mond ein gülden Band
Vereint, doch müssen sie sich ewig meiden.

Ja, fernes Wesen, steht es so mit uns beiden?

Denn Liebe, die nicht Liebe fand,

Muss sich auch niemals scheiden!

Gegensonett

Stimmt, Sonette sind beschissen.
Fürwahr wer könnt sie nicht vermissen?
Da reimt sich, blöde, Herz und Schmerz,
Bis es dir stinket himmelwärts.

Da kommt daher so ein Ganove,
Reimt schwule Verse, wirklich doofe,
Und glaubt zu deinem Überdruss,
Dass er dir geil beschert Genuss.

Ja, ich muss der Muse klagen:
Der Scheißkerl sollt' es besser wissen.
Wie kann der Schuft denn so was wagen?

So' n fieser Mist verdirbt den Magen.

Soll der Kerl sich bloß verpissen,

Statt brave Leut' mit Versen plagen!

Unmuse

Warum hast, Muse du, mich heut verlassen?

Hab ich mich gar zu sehr auf dich verlassen?

Was soll die Feder nur in meiner Hand?

Wiegt wie ein tot‘ Gewicht.

Warum hast du dein Gesicht

Von mir gewandt?

Gestern saß‘t auf dem Schoß, du, mir noch gelassen.

Flüsterst‘ ins Ohr mir leis- hab’s Dichten gelassen.

Was soll’n die Worte bloß, schwer mir im Sinn,

Stumm wie ein tot’ Gedicht?

Warum löschst du das Licht,

Aus dem ich bin?

Ach, war ich Muse, dir, denn undankbar?

War'n deine Gedanken mir undenkbar?

Was soll das Blatt vor mir, wortlos gelassen?

Wann kommst zurück, du, mir auf den Schoß?

Wie soll ich sonst, fassungslos,

Worte fassen?

Madrigal

Hast mit der zarten
Hand mir einen Garten
Gerahmt und einen Baum.
Machst's nicht mit Moos allein
Wirkst' auch Strohblumen drein:
Sollen nicht welken.

Lässt' mich ins Gärtlein rein,
Setzt' ich dir Nelken.
Würde mich sonnen
In tausend Wonnen,
In Seligkeit schwelgen.

Ich legt' mich untern Baum,
Würde zum Himmel schau'n
In den tief dunkelblau'n,
Würde nur Dir vertrau'n
Im Blütentraum.

Dürft‘ ich Dein Gärtner sein,
Pflanzt‘ ich Dir Rosen.
Ließe sie nie allein
Bei Regen und Sonnenschein
Sie zu liebkosen.

Ich würd nur Dir vertrau’n
Und in die Augen schau’n,
Die so tief dunkelblau’n
Unter dem Blütenbaum
Auf Nelken und Rosen.

Bringst Du mir Sonnenschein
Ins Arbeitszimmer,
Solls immer Frühling sein.
Im Blütentraum
Vergess ich Dich nimmer:

Denn meine Rosen und Nelken,
Meine Verse, nie welken.

Idylle

(frei nach Walther von der Vogelweide)

Unter Linden auf der Au
Waren sie wie Mann und Frau
Auf den Blumen unter Bäumen
Lebten sie von Lieb und Träumen

Auf dem Ast unter dem blauen
Himmel nur ein Vöglein durfte schauen
Unter Küssen unter Tränen
Die die sich so glücklich wähnen

Auf den Blumen auf der Heide
Lagen sie auf bunter Weide
Und so sehr liebten sich beide
Bis sie's beide waren's leide

Auf den Auen unter Linden
Wo sich Herz zu Herze finden
Sah sie nur das Vöglein walten
Vöglein, sollst den Schnabel halten

Wohin?

Wer weiß,

was in den Sternen steht?

Wer weiß,

wohin die Reise geht?

Der Mensch ist ein Wesen,

Das sich selbst nicht versteht.

Er fragt, wohin die andern fuhren.

Wenn er es je errät,

So ist er schon gewesen...

Wie ein Kind,

Das über Dünen geht,

Doch die Spuren,

Die Spuren...

Hat schon der Wind

Verweht.

Der Schnitter

versunkene Erinnerung

Blütenstängel, nehmt euch in Acht:
Der Sensenmann ist aufgewacht.
Der Schnitter schneidet schnell und scharf,
Sein' Zeit er nicht verschwenden darf.
Früh morgens hat er schon gemäht
Bevor der erste Hahn gekräht.
Aus Stängeln fließet gleißend Saft,
Die Sense saust durch Wiesenpracht:
Die Sense gibt nicht Acht.

Doch wenn die Sense schwach und stumpf
So zückt die Hand schnell an den Kumpf,
Lässt den Wetzstein an der Schneide zischen
Bis er die Sense scharf geschliffen.
Der Schnitter schreitet Schritt für Schritt
Bis dass die Sonne im Zenit,
Bis Gras und Blüten - Wiesenpracht -

Samt und sonders platt gemacht:
Der Schnitter gibt nicht Acht!

So mäht der Mäher früh bis spät,
Der Wiesen Schönheit er verschmäht.
Und wenn des Schnitters Werk vollbracht,
Des Denglers Dengeln ding-ding macht
Noch tief in die sternklare Nacht.
Die Mutter wiegt ihr Kind bedacht
Und düst're Sorgen schwinden sacht.
Ein Engel über's Söhnlein wacht:
Der Dengler gibt nicht Acht.

Denn sein Gedengel tönt und kracht:
Blütenstängel, nehmt euch in Acht!

Fiktive Erinnerung

Das Knäblein ist unsanft erwacht:
Der Dengler dengelt bis es Nacht,
Der Dengler gibt nicht Acht.
Die Mutter wiegt ihr Söhnlein sacht,
Und übers Weidenkörblein wacht.
Der Dengler gibt nicht Acht.
Der Mann hat sich früh aufgemacht,
Und seine Sense mitgebracht.
Er wetzt den Stahl mit aller Macht.
Noch tropft vom Tau die Blütenpracht,
Der Schnitter gibt nicht Acht.
Der Mähmann mäht mit viel Geschick,
Bricht tausend Blumen das Genick.
Bevor die Sonn' vom Himmel lacht,
Hat er sein Tagewerk vollbracht:
Die Wiese liegt in breiten Schwaden,

Der Leichenwagen wird beladen.
Adieu zu schöne Blütenpracht!
Ein andrer Schnitter wird einmal
Dich mähen mit dem scharfen Stahl,
Dir brechen unsanft das Genick,
Besiegeln flugs auch dein Geschick:
Oh Sensenmann, nimm dich in Acht!

Glühwürmchen

Früher, wenn ich ein Glühwürmchen fand,
Kam ich zu meiner Mutter gerannt.
Wir eilten zusammen Hand in Hand
Zu bestaunen das Wunder wie gebannt.
Das Glühwürmchen war unser Liebesband.

Nur böse Burschen steckten sie gerne,
Die armen, sich an den kecken Hut,
Als wär's eine grüne Laterne:
Ohne Erbarmen, im Unverstand.
Was man im Übermut nicht alles tut!

All dies liegt nun in weiter Ferne!

Ich hab gewonnen an Jahren – nicht Tugend.

Ich such euch vergebens im ganzen Land:

Wo seid ihr geblieben, ihr Lichter meiner Jugend,

Die Lieben, die ich für meine Mutter fand?

Kleopatra auf Samos

[Im Jahr -40 treffen sich Antonius und Kleopatra auf dieser Insel und feiern dort rauschende Feste. Nach der verlorenen Seeschlacht von Actium begeht K. Selbstmord mit einer in einem Feigenkorb versteckten Schlange]

Der Himmel blau und blau die Bucht

Ihr Auge nach dem Segel sucht,

Das heller als die andern.

Und wie sie sitzt, und wie sie lauscht,

Der Abendwind in Blättern rauscht,

Und über Dächer, zu den Zinnen,

Schmeicheln die Düfte ihren Sinnen,

Von Jasmin, Rosen und von Feigen...

Doch in der tiefblauen Bucht,

Will sich kein Segel zeigen.

Der Sonne letzte matte Streifen

Lassen sie zum Spiegel greifen,

Ein Kleinod, das Antonius
Ihr schenkt‘ bei seinem Abschiedskuss.
Und kummervoll übers Gesicht
Lässt sie die Augen schweifen,
Und sie entdeckt sich neue Falten.
Gewiss, es sind die ersten nicht,
Nur tiefer, als die alten.
Fern übers Meer lässt sie die Blicke wandern
Wo ist er, der, den sie so sucht,
Weilt er bei einer Andern?
Der Sonne letzter Widerschein
Taucht den Palast in gold'nes Licht,
Lässt sie mit sich allein.
Gewiss, er ist ihr erster nicht,
Nur anders als die andern.
So wie die Falten im Gesicht,
Tief unten sich die Welle bricht,
Und über Dächer und Terrassen,

Düfte vom Wind sich tragen lassen:

Steigt auf ein Hauch von Rosen und Jasmin,

Umschmeicheln ihren Sinn.

Doch auf der samt'nen Bucht, der weiten,

Sieht sie kein Segel gleiten.

Doch wie sitzt und wie sie lauscht,

Etwas wie von ferne rauscht.

Ist es die Welle bloß unten am Strand,

Die über Kiesel zischt und über Sand,

Doch lauter als die andern?

Ist es Antonius' Schritt,

Der spät über die Schwelle tritt?

Ist's denn des Sklaven nackter Fuß,

Auf kühlen glatten Marmorstufen,

Der ihr die Botschaft bringen muss,

Auch wenn er nicht gerufen?

Ist es die Schlange gar auf tönern' Tiegeln,

Die jetzt schon zischt und züngelt,

Und bald ihr Schicksal soll besiegeln?

Ist es der Abendhauch, der stille Wasser kräuselt

Und sanft durch tausend Blätter säuselt?

Dann Stille... nur der Duft von Feigen...

Nun selbst Zikaden schweigen...

Und über die tiefschwarze Bucht

Entfliegt ihr Sinn voll von Sehnsucht.

Doch wie der Hauch von Rosen und Jasmin

Über den Dächern, über den Ziegeln,

Ziehn die Gedanken hin...dahin,

Wo keine Strahlen mehr sich spiegeln...

Hommage à Casanova

Kennst Du die Stadt, wo's keine Häuser gibt, sondern Paläste,

Wo keine Wochentage, sondern nur Feste?

Kennst Du die Stadt, wo's keine Kutschen gibt, sondern nur Nachen,

Wo Brunnen Wasser spei'n aus Löwenrachen...

Wo müde schwarze Kähne rasten

An bunt gestreiften Gondelmasten,

Wo jeder Tag ein Karneval

Und jede Nacht ein Maskenball,

Und wo zum Mandolinenklang

Ertönt manch lieblicher Gesang?

Der Liebste seiner Liebsten singt,

Dass es bis an ihr Fenster klingt,

Und wenn er rühmt ihre Gestalt,

Dass es bis zu den Dächern schallt,

Und wenn er singt von Sehnsucht und von Ehre,

So ist's ein Gondoliere.

Dann schließlich schweigt der holde Ton,

Die Schönste winkt von dem Balkon:

Das ist des Sängers Lohn.

Kennst Du die Stadt, die Stadt der Dogen,

Wo Tauben girr'n in Marmorlogen,

Und wo in klarer Mondscheinnacht

Der Freier singt von Liebesmacht,

Die Stolze träumt von Liebesnacht?

Auf lichten Wellen wippt ein Kahn

Wie Liebende im Liebeswahn…

Wer singt von Sehnsucht und von Ehre?

Er ist's, der Cavaliere.

Zeigt sich galant auf jeder Feier,

Ist siegreich stets als edler Freier,

Er macht den Hof gar vielen Damen,

Er scherzt mit Mägden, Zofen, Ammen,

Und selbst die Nonne muss, entrückt der Jugend,

Noch bangen um Keuschheit und um Tugend.

Wenn Frauen seine Stimme hören,

So lassen sie sich leicht betören,

Wenn er, bereit zu tausend Schwüren,

Um tausend Frauen zu verführen.

Er kann vor Stolz ihn nicht verschweigen,

Den unendlichen Liebesreigen.

Kaum kann er sich der Taten brüsten,

Muss er zu neuen Siegen rüsten,

Zu neuen Busen, neuen Brüsten,

Neuem Schmusen, neuen Gelüsten.

Wenn ein Rivale zu verwegen,

Dann zückt er seinen spitzen Degen,

Denn er lebt nur der Liebe wegen

Und Liebe nur kann ihn erregen.

So steht er stets im Dienst der Liebe,

Doch treu ist er nur seinem Triebe.

Kennst Du die Stadt, die Stadt, die sanft im Meer versinkt,

Wie Liebeslied und Liebesleid verklingt…?

Vater Rhein – Vater mein

Zu Kehl, zu Kehl am Rheine
Da stand ich einst alleine,
Schaute den Schifflein dreine
Und dacht an Heinrich Heine.
Zu Kehl, zu Kehl am Rhein
Standen wir auch zu zwein
Und summten Melodein,
Da war der Rhein noch rein.
Du hast es gut mit mir gemeint,
Du hast getrennt: Du hast vereint
Mein Schicksal hab ich Dir geweint,
So manchen Vers auf Dich gereimt.
Wo sind die vielen Lieder?
Ich kenne Dich nicht wieder.
Oh Rhein, oh Rhein
Nur noch die Lüge, die ist rein.
Dein Gold haben sie längst gestohlen,
Und Du, Du seis't nun Gott befohlen.

Oh Vater Rhein, nun spotten sie Dir Hohn,
Oh Vater mein, bin ich Dein würd'ger Sohn?

Oh Vater Rhein, bist Du die Brüh,
Aus der ich's Trinkwasser bezieh?
Du hast als Kind mich schon genährt
Bist jetzt zwar alt, nicht abgeklärt.

Oh Vater Rhein, was bist Du wert,
Wenn man in Dich den Darm entleert?
(Dein Bett haben sie vollge...)
Fürwahr kein gutes Ruhekissen.
Wem schlägt nicht sein Gewissen?
Du trägst auf Deinem wunden Rücken
Den Dreck von Basel und Saarbrücken,
Du suhlst Dich nun in Schmutz und Schlamm
Von Strosburi bis Rotterdam,
Im Dreck von Neckar und der Tauber:
Ich glaub, Du bist nicht sauber.
Du schwimmst im Schmutz von Main und Ruhr,

Das nennt man hierzuland Kultur!
Im Schund von allen Landen
So machen sie Dich zuschanden:
Wärst Du ein Weib, so wärst Du eine Hur.
Du windest Dich vor Schmerz und Pein
Und schleppst Dich müd ins Meer hinein
Du stöhnst vorbei am Bundestag,
Oh Vater Rhein, mit Dir geht es bergab.

Oh Vater Rhein, jetzt bis Du grau,
Dein Antlitz, das war einstmals blau.
Ich glaube gar, Du armer Wicht,
Jetzt hat Dich noch die Gicht erwischt.
Beim ökolog'schen Gleichgewicht,
Da helfen Krücken nicht und Stecken:
Im Dreck musst Du verrecken.
Und totes Land hältst Du in toten Armen,
Wer hat mit Dir Erbarmen?
Doch allen läst'gen Plunder
Schickt man ins Meer hinunter.

Dass Du nicht streikst, ist mir ein Wunder.

Der Schiffer in dem munt'ren Kahn,
Der sieht sich die Bescherung an.
Es dünkt ihm wohl, er sei im Wahn.
Er spränge gern in Dich hinein
In seinen guten alten Rhein,
Und sollt es auch ein Trugbild sein,
Zu Nixen, die sich in Dir spiegeln
Und sollt's sein Schicksal auch besiegeln.
Er schwämme mit Dir um die Wette
Und machte Dich zum Lotterbette,
Er gäbe gern für Dich sein Leben
Und sollt' es Illusionen geben.

Doch wer hüpft schon in einen Brei
Aus Schwefel, Cadmium, Arsen und Blei
Und sei es für die Lorelei
Und ihre wundersame Melodei?
Was ist er wert, der feuchte Kuss,
In einem Bad aus Schund und Ruß:
Nie steigst du zweimal in den Fluss.

Zu Kehl, zu Kehl am Rheine,
Steh ich noch oft alleine,
Und denk an Heinrich Heine.
Ihr wisst nun, was ich meine.
Ihr wisst, warum ich so traurig bin:
Der Rhein, der holde Rhein ist hin,
Das will mir[1] nicht in den Sinn…

---

1 *Reinhold*

Rheinisches Lied – schweinisches Lied

Zu Basel, wo der Rhein ein Knie
Macht – es war so um die Wih-
Nacht im Jahre zwi-
Tausend acht,
trug sich in dieser Stadt was zu,
Das bracht' die Bürger um die Ruh.
Ein Trunkenbold ging über die Bruck,
Er fiel nach vorn, er fiel zuruck –
Um sich von seiner Last zu befrei'n,
Pinkelt er in den Fluss hinein
Und wirft zwei Flaschen hintendrein.
Er dacht sich schon, sie würden schwimmen,
Doch halt, da kann wohl was nicht stimmen!
Er wagt den Augen nicht zu trauen
Das Unglaubliche anzuschauen.
Es dünkte ihm die kurze Zeit

Gar fast wie eine Ewigkeit.

Er blickt, er sieht's auch ohne Brill:

Der Rhein, der gute Rhein steht still.

Er, der eben noch Wasser gelassen,

Er kann nicht, doch er muss es fassen,

Er möchte fliehen, vergeblich, weil…

An seinem Bauch, da hängt ein Seil…

Ein wackrer Basler hält sich stets

Ans Basler Kantonalsgesetz.

So wie der Rhein zwei Ufer hat,

Regieret das Gesetz die Stadt,

Und alle werden streng gebeten,

Die Ufer nicht zu übertreten.

In einer Stadt mit Traditionen

Liebt man nun mal nicht Sensationen…

Und dieser Schelm mit seinem Seil am Bauch,

War nicht gerade Basler Brauch.

Die Brücke wird alsbald gesperrt,

Dem Bürger wird der Blick verwehrt.

Umsonst ruft man die Bürgerwehr:

Der Rhin, der Rhin, er will nicht mehr!!

Umsonst wird das Gesetz beschworen,

Das Wasser friert in allen Rohren.

Sollt es die Basler auch verdrießen,

Das Wasser will nun nicht mehr fließen.

Da müssen alle Spießer gaffen

Dieweil die Schlote munter paffen.

Bald stinkt der Stunk zum Himmel,

Die Kirchen künden's mit Gebimmel,

Doch selbst der allerhöchst' Prälat,

Hat keinen guten Rat parat.

Die Sünden kommen nun zurück,

Basel schwimmt in vergang'nem Glück.

Das liebe Wasser will nicht mehr

Das stört den Bürgerrat gar sehr.

Die Ratsherr'n sprechen mit Bedacht,

Doch bis jetzt hat's nicht viel gebracht.

Die Feuerwehr berät die Lage,

Stunk gibt es auf der Chefetage.

Den Managern verschlägt's die Sproch,

Bei Ciba, Sandoz und bei Roche.

Das dumme Ding stört den Betrieb,

Wo bleibt's Verursacherprinzip?

Der Streik ist zwar nicht rechtskonform,

Doch die Natur kennt keine Norm.

Mutter Natur, die zeigt sich stur,

Wo bleibt die Basler Wohnkultur?

Man bildet fleißig Kommissionen,

Doch senkt dies nicht die Emissionen.

Man ruft nach größ'rer Staatsgewalt,

Doch dies lässt unser Wasser kalt.

Die schweizer Schützen schießen scharf,

Doch dafür besteht kein Bedarf.

Gern würde man den Krieg beschließen,

Doch worauf soll'n die Schützen schießen?

Es hilft kein Drohen, Beten, Flehen,

Der Widerstand bleibt doch bestehen.

Das ist ein rechtes Narrentreiben –

Wo denn heut nur die Lacher bleiben?

„Zu Hilf! zu Hilf!" es läuft jetzt nimmer,

Ja, wartet nur, es kommt noch schlimmer.

Die linden Lüfte sind erwacht,

Sie säuseln sonst bei Tag und Nacht,

Zu allem Übel, s'ist ein Hohn,

Die Luft macht eine Inversion.

Die Katastroph' ist nun perfekt,

Die Stadt im eignen Miefe steckt,

Im eignen Saft beginnt zu schmoren,

Umsonst wacht man an allen Toren.

Ach, lieber Kot von Basel...,

Doch nichts nützt das Gefasel.

Vielleicht ist's bloß nur ein Alptraum

Den Sinnen ist nicht mehr zu trau'n.

Doch alle haben es gerochen,

Das Ende ist nun angebrochen.

Da rief die Stadt flugs alle Mannen

Auf dem Barfüßlerplatz zusammen

Voll Reue taten sie ihre Buß,

Versprachen weniger Schlamm und Ruß,

Und alle taten den heiligen Schwur,

Ewig zu ehren die Natur,

Den eigenen Dreck selbst zu verwalten -

Vorausgesetzt, es bleibt beim Alten...

Der Tag bricht an, der Morgen graut

Kein Basler aus dem Haus sich traut…

Der Trunkenbold wankt über die Brück

Und denkt und denkt… an seinen Traum zurück.

«Glatter» Unsinn ... Schlirf und Schlarf

Oder die Schlacht der Vokale i und
a wie in yin und yang

Auf eine zersplitterte Lanze

Ich bin Schlirf! Ich immer siege,
Nie verlier ich meine Kriege,
Hieb und Stich, dies bin ich sicher,
Steche Feinde ab wie Viecher.

Da kam Schlarf, sein Schlag war scharf;
Sein Arm hat Kraft, wenn es bedarf
Der Tat. Aus ganzer Macht
haut er, daß die Schwarte kracht,
Und jedem Panzer Scharte klafft.

Da traten beide Kämpen an,

Der Hass rief beide auf den Plan:

Hi...hi...hier bin ich,

Will dir zeigen, wie ich dich...!

Ha ...ha...da steht er ja!

Wag dich nur nicht allzu nah...

Hi ...hi... hurrah - hi...hi... hurrah

So begann die lange Schlacht,

Beide kämpften um die Macht,

Bis dann einer wurd' zum Sieger,

Da auf der Wiese lag ein Krieger.

Zieht blank

Kling - klang

Klick - klack

Zick - zack

Zink - Zank

Big - Bang

Schlarf hab acht, da Hass nur hast,

Halt deiner Hast, die bar der Rast...

Schlarf lacht, die Waffe fasst.

Im Streit die List die Kraft besiegt:

Schlirf grinst, sein Schild er wiegt.

Die Spitze zielend die Distanz misst.

Schlirf sticht mit fieser List:

Schneide zischt, Schwert schwirrt,

Der Spitze Hieb wie wild erklirrt

Und sticht bis Griff

Trifft tief

Wie Gift.

Stirn trieft...

Sieh hier liegst jetzt dahin gestreckt

Bis du in deinem Mief verreckt.

Irrsinnig wie ein wildes Vieh,

Das kämpfen will und weiß nicht wie.

Mit diesem trift'gen sichern Hiebe

Bist du befreit von jedem Triebe.

Halt, halt, Verrat, mein Arm erschlafft!

Warum wird mir die Hand so matt?

Was macht von Kampf und Rache satt?

Am Magen tief die Wunde klafft.

Verlassen hat mich Saft und Kraft.

Mein Arm hat, ach, der Rach entsagt.

Schlarfsohn, du hast ja lang gezagt,

Du bist die Kraft, die Rache schafft.

Du trägst alsdann der Rache Saat.

Atem lässt nach, aus Tag wird Nacht.

Rache der Schmach, die Schlirf vollbracht.

Hinab, hinab, ins kalte Grab,

Zur Erde alt, die dich gebar,

Zur Erde, die ich einmal war,

Zur Erde bald ich niederfahr…

Hinab, hinab im kalten Sarg,

Schlaff… schlaff zur Erde karg…

Sarg… karg….arg…arg…rg…

Zikaden-Konzert in der Mittagshitze

Zirpende Zikaden zirkonblitzend

Zickzack über Naxos irrend

Zeitzerrinnend zeitzerrinnend

Zeus zürnt Xerxes zepterschwirrend

Echsen flitzen sonneglitzen

Zephirlechzen zwischen Felsenritzen

Zu exotischen Gewächsen

Hitzezitternd Steine schwitzen

Zicklein zupfen an Ziegenzitzen

Zwiefach zackig zugespitzten

Zwiebel Salz zergoren zu Tsatsiki

Zwitschern zischen zerr'n im Magen

Hexen Retsina im Kylix mixen

Im Zenit gleißet Phöbus' Wagen

Zittersaiten zögernd zagen

Busuki BusukiBusuki

Syrinx SyrinxSyrinx

Von fern erklingts

Zeit zerfließt an zeitlosen Tagen

Zwicken Zwerge Zyklopen der Zykladen

Nixen zerberustrotzend im Styx baden

Achselzuckend muss Demostenes die Pnyx fragen

Circe bezirzt zigtausende Zikaden

Zum circulus vitiosus laden

Ohrenkitzelnde extatische Myriaden

Sitzen zeternd zitternd und zeugen

Zarte Leibchen auf Zypressenzweigen

Welch Wonne wenn

Wenigstens die Weibchen schweigen

Blog

Du googelst durch die Felder

Und yahoost durch das Net,

Durchstreifst virtuelle Wälder

Und findest dies gar nett.

Du surfst durch rosa Seiten

Findest dies microsoft

Browst durch globale Weiten

Und du verirrst dich oft.

Hast du dich ausgegoogelt

Und bist geworden schlau,

Wenn du hast ausgemogelt

Wird grün wieder die Au.

Mein Junge, wenn du dann älter,

Du steckst im Morgenstau,

Denkst du an echte Wälder

Und frischen Morgentau!

Ausgangssperre 2020

Ich geh zu Fuß

Nur weil ich muss.

Dafür seh' ich die Sterne wieder,

Die sonst erstick'n im Ruß.

Der Mond ist nun nicht mehr allein

Mit seinem Heiligenschein.

Tags blüht für mich der Flieder

Im klaren Sonnenschein.

Die scheue Katze nimmt sich Zeit

Und macht sich auf dem Asphalt breit,

Die Sonnenstrahlen zu genießen.

Ich geh zu Fuß

Ohne Verdruss.

Vor dem Garagentor

Die Blumen sprießen

Wie auf den Wiesen.

Ein Eisvogel wagt sich hervor

-Funkelnd wie ein Smaragd-

Und mitten in der Stadt!

Ich frag mich nur,

Ob die Natur

Die Menschheit nötig hat.

Ich geh zu Fuß,

Welch ein Genuss!

Haiku

Schwirre Schwalbe schnell,

Schwarz am blauen Himmel:

Schon droht der Herbst!

Schwäbische Kunde

Da wagt einer ein Gegengedicht
Und meint es sei ein Gegengewicht!

Ja, dieser Friedrich, der Staufer, welcher
War ein ausgemachter Welscher!
Da wag ich gerne jede Wette:
Schrieb italienische Sonette!
Der Uhland und die Schwabenstreiche?
-Ich vor Schrecken ganz erbleiche-
Wer glaubt denn schon an diese Mär,
Nach dem Prinzip „viel Feind, viel Ehr"?
Haute Türken wohl in Stücke
Wer weiß ob er je kam zurücke?
Ich halte es mit Mörike!
Der war friedlich, der war bescheiden,
Wer ist der größere von beiden??

Dem Zeppelin, wie's ihm erging?

Zu aufgeblasen war sein Ding

Bis es dann doch Feuer fing.

Wie Ikarus wollt' er hoch hinauf,

Das Luftschiff ging in Flammen auf.

Der Hegel, der war auch so oiner,

Den versteht doch wirklich koiner!

Der hätt lieber schwäbisch g'schwätzt,

Als sich nach Berlin abg'setzt.

Uf schwäbisch hätt' mr ihn verstanden,

So kam er leider uns abhanden.

Und dann beschert' er uns was args:

Er inspirierte den Karl Marx.

Damit ist schon alles gesagt,

Weh dem, der es zu leugnen wagt!

Ich kann den Mann eben nicht loben,

Für mich ist er zu abgehoben.

Der Schiller Friedrich musst' ausrücken,

Doch tat er's nicht aus freien Stücken.

In Weimar fühlte er sich ‚frei',

Doch dort blieb er der Sprache ‚trei',

Er reimte brav „wenig" und „König",

Der Rest, der stört mich herzlich wenig.

Der Märklin, der blieb fest auf Erden,

Sein Zügle sollt' ein Wunder werden,

Das jedes Jahr bei uns hienieden,

Glück und Freude hat beschieden.

Mit seinen Bahnen, seinen Gleisen,

Ging unsre Fantasie auf Reisen.

Der Märklin, ja, der fuhr und fuhr

Und blieb beständig in der Spur.

Sein Ruhm erstreckte sich weltweit
Er brachte Frohsinn zur Weihnachtszeit,
Unter dem Christbaum, neben der Krippe.
Ich sag's offen, sag's klar und klippe,
Und bring's leicht über die Lippe:
Ich gehör' nicht zur and'ren Sippe!
Fleiß und Arbeit, Recht und Fug,
Das ist der Schwaben bester Zug!
Unser Humor, der Geist, der reiche,
Das sind die wahren Schwabenstreiche!!

Schwäb'sche Eisabahna
Nachspiel

So Anton, hätscht du uf mich ghehrt,

No wär dr Goaßbock unversehrt.

Worom muascht d' Bock verkaufe,

Willscht des Geld doch glei versaufe:

So, jetzt liegt die arme Goaß

Mitte uf dem Bahngeloas.

Vo dr Boh kommt bald a Rechnong

Wege der Beleidigong.

Ond älles bloß ganz wege dir!

Des war heut a echts Plaisir!

I sags gradraus, du alter Fetz,

Dia Schwäb'sche Eisaboh isch letz!

Au wenn i's nemme kah verschnaufe,

Vo heut ab, Anton, dean m'r laufe.

Trulla...

Jeatzt wird's dem Bäuerle doch zu domm

Und er dreht den Spieß herom.

Seid wann bin i an alter Fetz??

Hör bloß uf mit deim Geschwätz,

Halt du's Maul dua alte Goaß

Wo i so veil vo dr woaß!

Dia Gschicht wär sicher besser glonge,

Wenn du, wenn du wärscht statt dem Goaßbock sproange!

Trulla...

Des Liedle wär jetzt fast gesonge

Und glei dia letschte Vers verklonga

Vom Baureweible und ihrm Moh,

Vom Goaßbock und der Eisaboh.

Moral: Höret net uf Weiberzonge!!

Trulla...

Limerick I

There was a good man in Kathmandu
Who well knew what a man can do.
So he bought a new gown
And stood upside down
And walked on his hands like a Sadhu.

Limerick II

There was a poet in Germany
Who wrote poems short but many.
He wrote one a day, remember,
Between January and December,
Unpublished hitherto.
He had readers few
....If any.

Der Wolf, der Bär und der Fuchs
Hommage à La Fontaine

Es war einmal vor vielen Tagen,
Da hört' man den Wolf den Bären fragen:
„Wie wärs, wenn wir zusammen jagen
Den Hasen, das Reh und den flinken Hirsch?"
Den Bär, den freute die Mähre sehr
Und sie gingen zusammen auf Pirsch.
Es war früh morgens, der Nebel lag schwer,
Da sprach der Bär noch halb im Schlaf:
„Mich dünkt, da drüben äst ein Schaf".
Erwidert' der Wolf: „Wenn ich recht seh,
So grast dort drüben ein schlankes Reh!"
Er tat schon einen weiten Satz
Und schon begann die muntre Hatz.
Und über Stock und über Stein
Und über Bäche über Gräben -

Das arme Tier rannt' um sein Leben.

Doch holt der Wolf das Reh nicht ein…

Sie hetzten lange um die Wette

Bis zu des Bären Lagerstätte.

Da saß der Kerl, der heftig gähnte

Und sich nach einem Braten sehnte.

Das arme Reh, von Angst getrieben,

Er streckt es nieder mit ein paar Hieben.

Doch nun hob an ein heft'ger Streit:

Zu teilen war keiner bereit.

Die Beute war nun zwar wohlfeil,

Ein jeder wollte den Löwenanteil.

Dem Wolf, der von der Hatz noch keuchte,

Gehörte das Reh, so wie ihm deuchte.

Da hörte man den Bären klagen:

„Das Reh, das habe ich geschlagen

Und folglich ist es mein!"

Da rief der Wolf: „Wie hundsgemein!

Was bin ich gelaufen, hab mich geschunden,

Du hast mir ‚nen Bären aufgebunden!"

„Das Reh, das habe ich erlegt,"

Erwiderte der Bär erregt.

„Was willst du denn, du Schlitzohr, du,

Hältst mich wohl für 'ne dumme Kuh?

Was glaubst du denn, du frecher Dachs,

Ich hau dich weich wie Bienenwachs!

Was kommt dir denn bloß in den Sinn?

Mir gehörts, weil ich der stärkere bin!"

Da ärgert' sich der Wolf ganz arg,

Denn Bären sind halt bärenstark:

„Es darf nicht sein, dass du es frisst

Weil du mal grad der stärkere bist!

Du fauler, dummer dös'ger Petz

Gleich kriegst du eine auf den Detz,

Mir so für meine Müh zu danken,

Ich beiß dir ab die gier'gen Pranken!"

(Er tat es klug nur in Gedanken...)

So stritten sie sich um den Braten,

Genau wie echte Advokaten.

Man hörte sie noch lange zanken.

Während sie sich im Streit vertieften,

Sah'n sie nicht den Fuchs,

Dessen Lefzen trieften.

Der schleppt das Reh ganz flugs

Und schlau

Zum Bau.

Da sie den Streit zu lange trieben,

Gab es zu Mittag Runkelrüben.

Das Glühwürmchen und die Schnecke

«Ich wohn in meinem Passivhaus.
Sieht es nicht wirklich nach was aus?
Verschwenderin mach aus dein Licht!
Ich brauche deine Leuchte nicht,
Find nachts auch ohne um die Ecke“,
Sprach stolz geschwellt die Schnecke.
„Auch wandern tu ich ganz top-fit
Und ohne einen Tropfen Sprit.
Ich bin bio, ich bin bi,
Wenn ich durch Wald und Wiesen zieh
Dank meiner High-Tech-Sohle.“

„Gereiche es zu deinem Wohle“,
Das Würmchen sprach, „doch wurmt's mich sehr,
Dass du so glitschig kommst daher.
Beneide auch nicht deinen Schleim

Verzichte gern aufs Eigenheim.

Ich glühe, weil es mir gefällt

Nachts zu erhellen die triste Welt.

Du hast gewiss ein tolles Haus,

Doch ich strahl Optimismus aus.

Ein jeder gibt, was er kann geben:

Du sparst, ich leuchte eben."

Der Pfau und das Pfauenauge

Ein Pfau, der zu viel Muse hat,
Das Pfauenauge hat verklagt.
„Du hast begangen ein Plagiat!
Du trägst vier Augen auf dem Rücken
Den meinen gleich in allen Stücken."
„Mach doch kein so'n Gezeter
Du hast eins auf jeder Feder."
Das Insekt kann sich leidlich wehren:
„Wir halten das Logo stets in Ehren.
Bei uns ist es schon lange Brauch.
Mein Vater trug's und mein Großvater auch."
„Hör mal gut zu und merk dir dies,
Pfauen gab's schon im Paradies!
Willst du mich länger nicht verdrießen,
Must fortan du die Flügel schließen.
Lass mich nicht länger provozieren",

Sprach's stolzeste von allen Tieren.

„Wie soll ich denn essen, wie fliegen,

Wie soll ich denn ein Liebchen kriegen?"

„Das ist mir schnurzepiepegal"

Erwiderte der Pfau brutal.

Herr Asinus, zum Richter berufen,

Scharrt dreimal mit den Hufen,

Wiegt den Kopf, dann hört man ihn schrei'n:

„Jein und jein und nochmal jein!"

Dann hebt er den Schwanz,

Verweist den Prozess

-Est nullius res-

In die nächste Instanz.

Wohl möglich, dass in dieser Frist

Der Pfau das Pfauenauge frisst.

Das wäre, mir bricht's fast die Zung,

Eine außergerichtliche Einigung.

Das Eichhörnchen und der Eichelhäher

Der Häher kam, 's ist nicht gelogen,
Zu seiner Nachbarin geflogen.
Das Eichhörnchen sprach ganz gerührt:
„Was ist es, das dich zu mir führt?"
„Ach, Freundin, du wohnst halt nobel
In deinem mollig-warmen Kobel.
Du hast immer Proviant versteckt,
Dein Tisch ist daher stets gedeckt!
Wir kennen uns seit vielen Jahren,
Wie wär's, wenn wir zusammen sparen?"
Das Eichhörnchen war hoch erfreut:
„Freundschaft hab ich nie bereut.
Ist's nicht zu beider Nutz und Frommen,
Wenn wir gut durch den Winter kommen?"
Der Pakt war somit schnell geschlossen.
Bald kam der Herbst, die Tage flossen...

Der Häher hat, obzwar beteuert,

Zum Vorrat nicht viel beigesteuert.

Der Winter kam mit Eis und Schnee,

Dem Kräher tat der Magen weh.

Er, flatterhaft, hat unterdessen

Pakt und Versteck schon längst vergessen.

Erspartes hat er nie besessen!

Drum prüfet, falls ihr euch verbündet,

Ob euer Bund auch wohl begründet,

Bevor ihr euch zusammentut.

Ein jeder hat halt so Manieren:

Die einen sind im Sparen gut,

Doch andre improvisieren.

Das Omikron und ich

„Omikron, du freches Biest,
Hast mich besiegt mit fieser List
Und Tücke.“
„Ich finde, du hast’s noch bequem
Geboostet durch das Impfsystem.“
„Komm hervor, du kleiner Wicht,
Komm hervor, zeig dein Gesicht!
Gern haute ich dich kurz und klein
In Stücke.“
„Ach, Reinhold, du bist hundsgemein:
Denk doch mal nach, ich bin schon klein.
Soll ich noch unsichtbarer sein?“
„Wenn ich wirklich krank muss sein,
Dann heize ich dir tüchtig ein!“
„Mann, da brauchst du 50 Grad,
Doch so viel hast du nicht parat.

Ach, du alter Miesepeter,

Umsonst schwingst du das Thermometer.

Bei 40 ist's mir pudelwohl,

Weiß nicht, was dein Fieber soll!

Ich, Omikron, möchte auch leben.

Dem Kleinen ist sein Stachel auch gegeben!

Ich Omikron, die neue Majestät!"

Ich wart', wie ein Stück Vieh es tät,

Auf die „Herdenimmunität."

Der Putin und die Ukraine

Eine unorthodoxe Fabel

„Lange schon lieb ich's Ukrainemädel!
Fantasmen schwirr'n mir durch den Schädel.
Komm zu mir in meinen Palast,
Da kriegst du alles, was du nicht hast:
Marmor und Schmuck und ein goldenes Klo...
Sowas kriegst du nicht anderswo.
Und bist du zu mir wirklich nett,
Gibt's Kaviar auf Silbertablett.
Morgen schon bist du ein Oligarch
Mit der Weihe von Moskaus Patriarch."

„Dein Säbelrasseln mag ich nicht.
Mit einem Mädel man nicht so spricht,
Besonders wenn es noch nie geliebt.
Im Westen es schönere als dich gibt.
Dein Muskelspiel macht mich nicht an,
Ich will einen Freund, keinen Tyrann.

Ich brauche nicht Reichtum, ich will sein frei,
Ich will einen Mann, der mir lieb und treu.
Ich will nicht dein Geld und auch nicht dein Gold,
Ich möcht einen Schatz und keinen Unhold."

„Bizarre Gefühle sich in mir regen
Und Gott sei Dank mit Kirills Segen.
Wenn ich es will, so bist du mein,
Ich ‚krieg' dich, Mägdelein, schon noch klein!
Ich schneid dir die goldenen Zöpfe ab,
Und lege sie dir in dein kühles Grab.
Ich mag nicht länger mit Worten klauben:
Ukrainemädel, du must dran glauben!
Wenn du nicht willig, so brauch ich Gewalt.
Wenn du warm mich nicht liebst, so lieb ich dich kalt."

Charles Baudelaire - Der Albatros

Gar oft zum puren Zeitvertreib sich der Matrose
Den Albatros einfängt, den Flieger überm Meer.
Es folgt der träge Reisegefährte ihm lose,
Dem gleitenden Schiff über die Tiefen her.

Kaum hat man ihn auf das Deck gesetzt,
So lässt der Prinz der Lüfte plump und voller Scham
Die weißen Flügel hängen so lahm
Wie die Ruder, die kein Wasser benetzt.

Der geflügelte Bote, wie ist er linkisch und schwer,
Er, der vorhin so schön, wie ist er komisch und dumm!
Einer steckt seine Pfeife ihm in den Schnabel quer,
Einer äfft ihn nach und hinkt um den Lahmen herum.

Der Dichter gleicht dem König am hohen Firmament,

Der den Stürmen trotzt und den Schützen verhöhnt.

Auf den Boden verbannt, von Gelächter umtönt,

Die gewaltige Schwinge kein Gehen vergönnt.

Charles Baudelaire - Abendstimmung

Schon naht die Zeit, wenn auf den Stengeln schwanken
Die Blüten sich verströmen so wie Weihrauchduft,
Klänge und Düfte wallen durch die Abendluft:
Melancholischer Reigen und schmerzvolles Wanken!

Die Blüten sich verströmen wie die Weihrauchranken,
Die Geige zagt und klagt wie ein geplagt' Gewissen:
Melancholischer Reigen und schmerzvolles Wanken!
Der Himmel traurig schön wie ein Reliquienkissen.

Die Geige zagt und klagt wie ein geplagt' Gewissen,
Ein zartes Herz, das hasst das Nichts, das nun beginnt.
Der Himmel traurig schön wie ein Reliquienkissen.
Die Sonne sich ertränkt im Blute, das gerinnt.

Ein zartes Herz, das hasst das Nichts, das nun beginnt,

Sammelt vergangener Strahlen letzten Glanz!

Die Sonne sich ertränkt im Blute, das gerinnt…

Dein Bild in mir leuchtet wie die Monstranz!

Charles Baudelaire - Herbstlied

Bald tauchen wir hinein ins Reich der kalten Nacht.

Adieu du Licht, das kurz die Sommer nur erhellt!

Schon hör ich, unheilkündend wie es kracht,

Das Holz, das auf das steinern‘ Pflaster fällt.

Der ganze Winter schleicht sich in mein Wesen: Wut,

Hass, Schauer, Schrecken, Mühsal hart und voller Schweiß:

Und wie die Sonne in des Poles Höllenglut,

Mein Herz wird nur mehr sein ein roter Block aus Eis.

Und bebend lausch ich jedem Scheit, das fällt.

Der Galgen, den man baut, hat dumpfer nie ertönt.

Mein Geist gleicht jenem Turm, der wankt und dann zerschellt

Und vor des schweren Rammbocks Stößen stöhnt.

Mir scheint, so wie der stete Schlag mich wiegt,

Als würd geschwind der Sarg genagelt für die Gruft...

Für wen? Der Sommer war - heut hat der Herbst gesiegt!

Seltsam der Klang ertönt und wie zum Abschied ruft.

Die Zeit

Die Zeit vergeht die Stunden und Minuten
Die Zeit sie bringt die schweren und die guten
Die Zeit ich kann sie nur vermuten
Die Zeit mal jauchzt dein Herz mal muss es bluten

Die Zeit vergeht der Zeiger dreht die Runden
Die Zeit wer hat sie denn erfunden
Die Zeit die traurigen die frohen Stunden
Die Zeit vergeht sie heilet auch die Wunden

Abschied

So leg ich meine Brille, mein Licht und mein Papier,

Denn wenn es ist Dein Wille, so scheide ich von hier.
So lass ich meine Güter, deren ich froh und reich,

In Händen andrer Hüter, wenn ich bin blass und bleich.

So falt ich meine Hände so wie dies Pergament

Und hoffe auf ein Ende am hohen Firmament.

So lass ich meine Seele ziehen ins ferne All,

Ein letzter Hauch der Kehle: ich war nur Rauch und Schall.

So leg ich meine Glieder, den Leib, mein greises Haupt

In Deine Hände nieder, an die ich kaum geglaubt.

Nun mögen mich, die milden, sanft tragen himmelwärts

Zu lieblichen Gefilden, jenseits von Leid und Schmerz…

Neujahrswünsche

Inhalt

2♡♡3
Fass dir ein Herz und wandere →
Und schau nicht nur einwärts
N
Hast du kein Herz für andere,
So hast du selbst kein Herz!

Auf einen Turkmenenschmuck

Ein Herz haben Nomaden
Auch in Afghanistan.
Sie hängen an einem Faden…
Was gehen die mich an?

Sie hängen an einem Faden
Vor jeder Frauen Brust:
So gehen sie beladen
Mit Liebe und mit Frust.

Das Herz dieser Nomaden
Aus Silber und Karneol
Wie soll's nicht nehmen Schaden
Von Trauer und Schmerzen voll?

Ihr Herz ist ihre Habe
Ihr Geld und auch ihr Gut,
Sie gehn am Bettelstabe:
Ihr Herz macht ihnen Mut.

Wir haben sie beladen
Mit Bomben und mit Krieg.
Sie hängen am seidenen Faden:
Mein Herz, wo bleibt der Sieg?

Wir wünschen Glück
Und raten dir:
Mach nichts
Im Jahr 04

Blick in den Blautopf (Blaubeuren)

Schau doch hinein in diesen Topf!
Steht da wohl jemand auf dem Kopf?
Oder sieht falsch durch seine Brille?
Vielleicht ist's gar ein böser Wille?
Könnte es sein, es wäre nur
Ein Wahn der menschlichen Natur?
Ist's Abglanz nur des schönen Scheins
Als Trugbild unsres wahren Seins?
Wo ist die Wirklichkeit und wo der Spiegel?
Am Firmament? Im blauen Tiegel?
Wenn ich verlorn ins Wasser schau,
Dem Himmel trau, dem Wasser blau,
Ich wünscht, ich wüste es genau
Und fragte gern „Die Schöne Lau“,
Die schöne Lau, die tief im Blauen
Als Nixe muss gen Himmel schauen…
So guck ich nun in diesen Topf.
Was soll ich glauben, armer Tropf?

Das macht den wahren Unterschied:
S'kommt ganz drauf an, wie man es sieht!
Wie sagte schon Plato, der alte,
S'kommt halt drauf an wie ich es halte!
Und sei es drüber oder drunter,
Es bleibt ein „blaues Wunder“.

Wir wünschen Freud und Appetit!
Ernähr dich wohl und bleibe fit.
Doch wenn's dir mundet, denke auch,
2005
Nicht jeder hat 'nen vollen Bauch:
Hungrige Augen essen mit. R

Suppenschüssel

Iss, bevor die Suppe kalt!
Iss, solange sie noch warm!
Jeder Tag hat seinen Charme.
Werden wir auch mit'nander alt,
Sollt die Zeit auch an uns nagen,
So schmeckt sie noch in alten Tagen:
„Liebe", heißt's, „geht durch den Magen."
Iss, bevor die Zähne hohl,
Iss, solang die Schüssel voll!
Und ist am Schluss die Schüssel leer…
So lieben wir uns noch viel mehr!

Das Leben ist ein Labyrinth…
Wohl dem, der seinen Weg drin find't
2005†
2006*

An Joan Miró

Das Auge sieht voller Erstaunen
Ein Werk beherrscht skurril von Launen
Ein wundersam-bizarres Bild
Wo Phantasie und keine Regel gilt
Und schwarze Linien ziehen dich in Bann
Wie unvollendete abstruse Zeilen
Doch endend irgendwann
Nach vielen Meilen
Von Kinderhand wie's scheint gezogen
Von Kunstverstand gar wohl erwogen
Das Auge blickt aus dem Gesicht
Auf ein gar seltsam Gleichgewicht
Denn zwischen manchen farb'gen Flecken
Die hie und da das Bild bedecken
Hebt an ein Spiel der wirren Zäune
Versinkst du stets in neue Räume
Und irgendwann
entdeckst du dann…
Die schwarze Sonne der geheimsten Träume

2007

Auf Trab

Wo trabt ihr hin, ihr schmucken Pferde,
Da kaum der Tag die Nacht besiegt?
Noch küsst der Nebel feucht die Erde
Und grauer Dunst die Aussicht trübt
Ins weite Land, das vor euch liegt:
Denn noch kein Strahl vom Himmel fiel.
Ihr kennt den Lenker wohl, doch nicht sein Ziel.
Ihr sehet weder Berg noch Hügel,
So sehr ihr euch auch darum müht:
Ein andrer hält für euch die Zügel
Und führt euch wie es ihm beliebt.

Bleibt auch die Zukunft uns verborgen,
Vergesset Mühe, Last, Gefahr,
Und lasst uns ziehen ohne Sorgen,
Den alten Karr'n, ins neue Jahr
Und in die Welt von morgen!

Die Chinesische Mauer

Mann, die Chang Cheng ist schon schön lang
Länger als der Yang Tsö Kiang
Die Chang Cheng ist ein alt Ding
Seit Shi Huan Di dran ging

Alte Mao ern zu vereinen
Mit Millionen großen Steinen
Millionen Menschen mussten schan zen
Schwere Fel sen auf dem Ran zen

So wurd das Bollwerk einst gebaut
Mit Sträf ling en dass einem graut
Mit ihrem Schweiß erschuf man die Chang Cheng
Mit ihrem Blut rührt man das Kalkge meng

Seid verschlungen Millionen
Für alle die die oben thronen
Die Chang Cheng ist schon schön lang
Vom Ende bis zu dem An fang

Doch Mao ern haben ihre Tücken
Sie fallen ein und kriegen Lücken
So konnte selbst die längste Mao er
Das Reich nicht schüt zen auf die Dao er

Sie hielt nicht Stande dem An drang

Der Barbaren aus dem Nor den
Die mit beritt nen wilden Hor den
Kamen zu rauben und zu mor den

Mann die Chang Cheng gibt's schon schön lang
Doch haben Mao ern ihre Tücken
Und können Menschen nicht beglücken
Denkt an Berlin und Jericho

Jerusalem und Mexiko
Denkt auch an Mao ern anderswo...
Ja fallt nur ein und kriegt bald Lücken
Lasst Mauern sein... baut Brücken

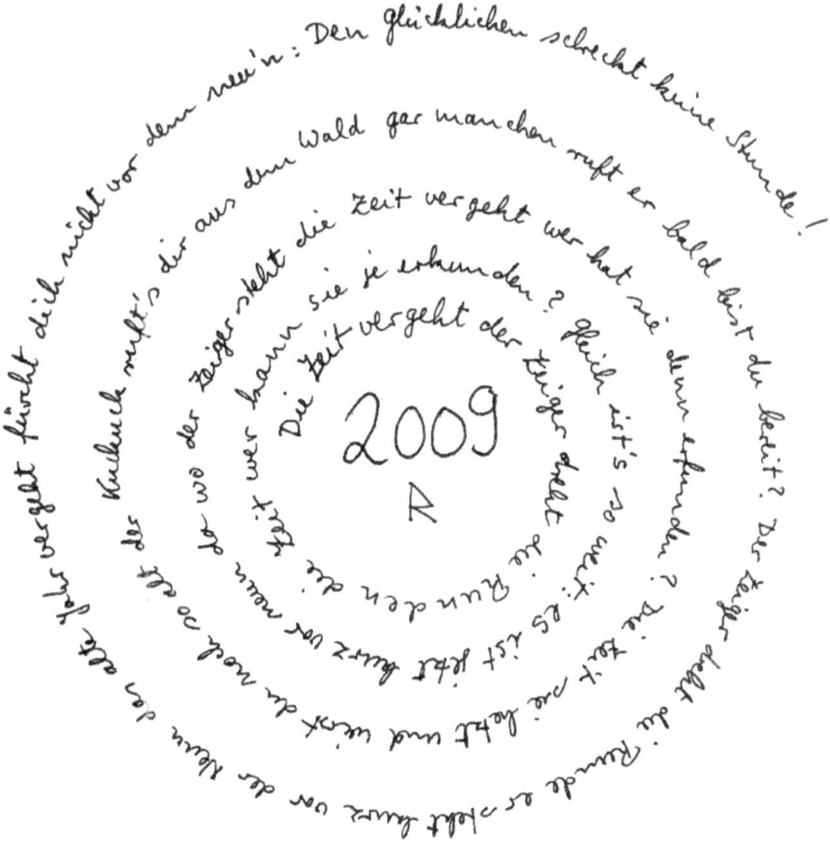
2009
R
Die Zeit vergeht der Zeiger dreht die Runden die Zeit wer kann sie je erkunden? Gleich ist's so weit: Es ist jetzt kurz vor neun da wo der Zeiger steht die Zeit vergeht wer hat sie denn erfunden? Die Zeit sie lacht und wirst du noch so alt der Kuckuck ruft's dir aus dem Wald gar manchen ruft er bald bist du bereit? Der Zeiger dreht die Runde er steht kurz vor der Neun das alte Jahr vergeht fürcht dich nicht vor dem neu'n: Den Glücklichen schreckt keine Stunde!

Auf eine Kuckucksuhr

Die Zeit vergeht der Zeiger dreht die Runden
Die Zeit wer kann sie je erkunden
Gleich ist's so weit: es ist jetzt
Kurz vor neun
Da wo der Zeiger steht
Die Zeit vergeht
Wer hat sie denn erfunden
Die Zeit sie hetzt
Und wirst du noch so alt
Der Kuckuck rufts dir aus dem Wald
Gar manchen ruft er bald
Bist du bereit schon jetzt
Der Zeiger dreht die Runde
Er steht kurz vor der Neun
Das alte Jahr vergeht
Fürcht dich nicht vor dem neun
Den Glücklichen schreckt keine Stunde

Auch wenn du ganz auf Ruh
erpicht,
Vergiss dennoch das Schreiben
nicht!
2009

Auf ein schönes Jahr!
Marie-Danielle und Reinhold
Kälberer
2010

Kalligrafie

Was will er denn, der alte Spaßer?
Macht er nicht bloß den Boden nasser
Mit Pinsel und mit Wasser?
Der Meister malt mit Seelenruh,
Die Schüler schauen staunend zu.
Ein Sport für Leute in der Pleite,
Da günstig von der Kostenseite?
Es ist die Kunst zu billigem Preise.
Ein jeder spart auf seine Weise.
Da lohnt sich selbst die weite Reise.

Das alte Jahr muss bald zugunsten
Des neuen Jahres sich verdunsten.
Man malt gar bald das Jahr null 10,
Der Wind wird das null 9 verwehn.
Was soll die Kunst? muss man sich fragen.
Die Luft wird sie von dannen tragen!
Drum lob den Meister ich so gerne,
Weil ich beim Zuschaun von ihm lerne,
Dass schwindet, was die Augen sehen,
Der Geist des Schönen bleibt bestehen.

Auf dass
der Faden
zwischen
uns
auch in
2011
nicht
abbreche!

Nepal: Mythos und Wirklichkeit

Schnurre, schnurre Rädchen
Spinnt mir ein hübsches Fädchen
Ihr allerliebsten Mädchen!
Ihr spinnt für ein paar Centchen
Und andre für Millionen.
Wie soll die Mühe lohnen?
Was solln die Kinder speisen?
Fürwahr, ich muss euch preisen!
Ich hör euch summen und nicht klagen.
Zumindest drückt euch nicht der Magen
Von Weihnachtsgans und Puten.
Doch ihr, ihr müsst euch sputen.

Surre, surre Fädchen
Was macht ihr, brave Mädchen?
Das Erste zwirnt das Garn für dich
(Und vielleicht auch für mich),
Das Zweite misst, mal lang, mal knapp,
Das Dritte schneidet den Faden ab.

Summet, summet, Mädchen!
Wie lange hält das Fädchen?
Mit euren flinken Händen,
Könnt ihr das Schicksal wenden?
Ihr seid, solang der Faden hält,
Die letzten Parzen dieser Welt.

Schwarzwald

Der Wald hüllt sich in Schweigen
Und weiße Nebel steigen
Aus Tiefen ungewohnt.
Der Abend will sich neigen
Und Tannen schwarz sich zeigen
Am fahlen Horizont.
Wohin die Blicke schweifen
Siehst du nur Nebelstreifen
Und Weiten unbesonnt.

Auch wenn der Nebel heute
Uns noch die Sicht verstellt,
Vergesst nicht, liebe Leute,
Ein Tag uns bald erhellt.

Schwarzwald - Wiederkehr

Das letzte Jahr war's Dunst,
Der uns den Blick verhüllt'.
Nun ist's der Sonne Kunst,
Die uns die Augen füllt.
Die Wipfel, rot besonnt,
Laben sich am Horizont
Und sanftes Licht hüllt alles ein
In Abendsonnenschein.
Trinkt, Augen, noch die letzte Glut
Bevor versinkt in seinem Blut
Der Sonne schönstes sein!

Ein „Ah" entfleucht der Kehle:
Der Himmel bunt und bunter
Hat heute schon was drauf.
Ein „Ach" haucht meine Seele:
Das Schauspiel ist bald aus.
Schon rollt die Kugel runter,
Zu End der Augenschmaus.
Oh, Seele bleibe munter,
Es ist der Sonne Lauf:
Heute geht sie zwar unter
Doch morgen wieder auf!

Adieu zu schöner Schein!

Ziehet dran, so wird Euch aufgetan

Die schmale Pforte

Das Elend haust an manchem Orte
Und pocht und pocht an unsre Pforte:
Ein unliebsamer Türenklopfer,
Der pocht auf unser Sonderopfer.

Auch hier hockt einer von der Sorte
Und hofft auf mehr als gute Worte
An diesem Tag - es ist ein kalter-
Vor diesem Tor vom Mittelalter.

Und alle die, die nichts mehr haben,
Soll'n sich an frommen Worten laben.
Wir geizen geil mit guten Gaben
Und wollen schnell von dannen traben…

Denn nichts ist leichter zu ertragen,
In diesen frohen fetten Tagen,
Als andrer Leute leerer Magen:
Man kennt ihn zwar vom Hörensagen…
Doch uns tut er recht selten plagen.

Frohe Weihnacht

Möge auch das Jahr 2015
unter einem guten Stern stehen
R

Sah ein Knab ein Tännlein stehn,
Tännlein tief im Walde,
Wollt es sich von nah besehn,
mitzunehmen balde.
Tännlein sprach: „Ich möchte nicht
sterben gar so balde",
doch der Knabe war erpicht
aufs Tännlein grün im Walde.
Knabe sprach: „Fürchte dich nicht,
auch wenn ich grausam walte.
Führe dich ans helle Licht,
fest im Arm dich halte.
Führe dich ans helle Licht,
Aus dem finstren Walde.
Dann erhellst du manch Gesicht,
bist ein Christbaum balde…"
Und der Knabe sägte flugs,
streckt das Tännchen hin:
Doch da, wo einst das Bäumlein wuchs,
ein goldner Stern erschien.
„Du
erstrahlst
mit frohen
Kerzen
auf den
Zweigen
so bescheiden.
Du erhebst
der Menschen
Herzen:
Und drum
must du
leiden."

Christbaum

Sah ein Knab ein Tännlein stehn,
Tännlein tief im Walde.
Wollt es sich von nah besehn
Mitzunehmen balde.
Tännlein sprach: „Ich möchte nicht
Sterben gar so balde."
Doch der Knabe war erpicht
Aufs Tännlein grün im Walde.
Und der Knabe sägte flugs,
Streckt das Tännlein hin.
Doch da, wo einst das Bäumlein wuchs,
Ein goldner Stern erschien.

Knabe sprach: „Fürchte dich nicht,
Auch wenn ich grausam walte.
Führe dich ans helle Licht,
Fest im Arm dich halte.
Führe dich ans helle Licht
Aus dem finstren Walde.
Dann erhellst du manch Gesicht:
Bist ein Christbaum balde!
Du erstrahlst mit frohen Kerzen
Auf den Zweigen so bescheiden.
Du erhebst der Menschen Herzen
Und drum must du leiden."

Katmandu

Sherpas, heißt es, tragen viel.
Das ist auch so mein Gefühl.
Sie ächzen unter ihrer Last
Vorbei an dem Königspalast.

Im Schweiße seines Angesichts
Verdient der Sklave beinah nichts.
Sie tragen stumm jeder sein Kreuz.
Ich hoff, den Arbeitgeber freut's.

Im Frühjahr wild die Erde bebt
Und sich um einen Meter hebt.
Nach Süden rutscht sie Meter vier:
Kein Stein bleibt auf dem andern hier.

2015

2016

Katmandu liegt in Schutt und Trümmern:
Soll ich mich auch noch darum kümmern??

Hab ich nicht Sorgen bis zum Kragen??
Soll ich die Last der Andren tragen??

R

Zum neuen Jahr wünsch ich viel Glück
Und denk an Katmandu zurück:
Ich danke Gott, dass mein Haus steht
Und dass es uns doch besser geht.

Armes Katmandu

Sherpas, heißt es, tragen viel.
Das ist auch so mein Gefühl.
Sie ächzen unter ihrer Last
Vorbei an dem Königspalast.

Im Schweiße seines Angesichts
Verdient der Sklave beinah nichts.
Sie tragen stumm jeder sein Kreuz.
Ich hoff, den Arbeitgeber freut's.

Im Frühjahr wild die Erde bebt
Und sich um einen Meter hebt.
Nach Süden rutscht sie Meter vier.
Kein Stein bleibt auf dem andern hier.

Katmandu liegt in Schutt und Trümmern:
Soll ich mich auch noch darum kümmern?
Hab ich nicht Sorgen bis zum Kragen??
Soll i c h die Last der andren tragen??

Zum neuen Jahr wünsch ich viel Glück
Ich denk an Katmandu zurück:
Ich danke Gott, dass mein Haus steht
Und dass es uns doch besser geht!

2016 / 2017

Blog

Du googelst durch die Felder
Und yahoost durch das Net,
Durchstreifst virtuelle Wälder
Und findest dies gar nett.
Du surfst durch rosa Seiten,
Findest die microsoft,
Browst durch globale Weiten
Und du verirrst dich oft.
Hast du dich ausgegoogelt
Und bist geworden schlau
Wenn du hast ausgemogelt
Wird grün wieder die Au.
Mein Junge, wenn du dann älter
Und stehst im Morgenstau,
Denkst du an echte Wälder
Und frischen Morgentau.

Twit

Vernetzt bin ich mit aller Welt
Seit ich im Face-Book eingestellt.
Ich werde bald ein echter Freak
Wenn ich das neue Smartphone krieg.
Vielleicht werd ich sogar ein Nerd,
Papier und Schönschrift sind nichts wert.

Schau, Papi, ist's nicht supercool?
Grad gibt's ein neues Fernsehtool.
Ja auch, wenn's dir gar nicht gefällt,
Ich liebe die virtuelle Welt!
Und, Papi, wenn, wie's bei dir Brauch,
Du dich umwölkst mit Pfeifenrauch,
Du dich umgibst mit Opiumschwaden.
(Wart mal, ich muss was runterladen)
Ist das nicht auch ein bisschen wie…
Verbesserte… reality?

Ein altes Rezept fürs neue Jahr

2018

Von Marie-Danielle und Reinhold

Das Rezept vom wahren Glück

Wir sind vereint seit fünfzig Jahren:
Ein Herz und eine Seele.
Sind wir noch das, was wir einst waren?
Frag nicht, ob uns zum Glück was fehle!
Die Liebe geht auch durch die Kehle.
Was ist des Menschen wahres Glück?
Von allem braucht es wohl ein Stück.
Ein bissele Lieb und ein bissele Treu
Und ein bissele Freud ist auch dabei.
Ansonsten fragt's sich, was tut Not?
Freude am Leben – Angst vor dem Tod?
Die Lust zu verzehren das tägliche Brot?
Wie hältst du's mit der Religion?
Ein wenig braucht man schon davon.
Ein bissele Jud, ein bissele Christ,
Doch zwischendurch auch Atheist:
Vergiss nie, was du wirklich bist!
Wie steht's denn mit der Nation?
Ehrlich, wir halten nichts davon:
Die Hälfte deutsch, die bessere französisch,
Befindlichkeit: paneuropäisch.
Vegetarisch sind wir zwar ein Bitzel
Verspeisen auch ein Schweineschnitzel,
Würden uns aber nicht genieren,
Es mit Kräutern zu garnieren:
Mit Knoblauch und mit Thymian

Natürlich bio und vegan.
Doch immer nur „sofern man hat“,
Nicht alles hat man stets parat.
Zur Not wird man auch „ohne“ satt.
Viel Lust bei allem, was man tut,
Ne Mordsportion an Schaffenswut,
Dazu ‚nen Schuss Zigeunerblut.
Zum Schluss ‚ne Prise Schlendrian.
Man koche mit der Liebesglut,
Doch schaue zu, dass nichts brennt an!

Uns geht’s wie dieser Suppenschüssel:
Von allem braucht man halt ein Bissel.
Ja, selbst nach vielen schönen Lenzen
Möcht man doch a l l e Ingredienzen!

FANCY SAFE

Indische Idylle

Siehst du das Wirrwarr dieser Drähte?
Sind so vernetzt meine Neuronen?
Im Durcheinander der Personen,
Sucht man sein Glück von früh bis späte.

Das Ganze scheint dir zwar bizarr,
Doch es sind keine Illusionen,
Die Wirklichkeit, keine Visionen:
Wir sind im indischen Bazar!

Ich weiß, hier möchtest du nicht wohnen,
Doch tun es viele Millionen.
Bei uns ist es zwar nicht so Brauch,
Doch andre Menschen leben/lieben auch.

In diesem ries'gen Labyrinth,
Wohl dem, der seinen Weg drin find't.
Hier drängt sich Raum, hier dehnt sich Zeit,
Doch zum Nirwana ist's noch weit...

Fahrt wohl, ihr Freunde, Zug um Zug. Seid fröhlich und lebt klug.
Viel Glück und Freude pur, selbst auf der Märklin H-O-Spur. Zum Schluß noch einen guten Rat: Es gibt auch Spaß im Kleinformat!

Schwäbisches Bekenntnis

Rhetorik ist nicht unsre Sache
Und so will's auch unsre Sprache.
„Häusle, Schätzle, heiligs Blechle“,
Jeder Schwabe liebt sein Sächle.
Denn so ist mal unsre Art:
Bei uns sich Herz und Zunge paart
Auch wenn man gern an Worten spart.
Große Reden, Heldentat,
So was haben wir nicht parat.
Was schert's uns, was die andren meinen,
Wir sind groß … im Kleinen!

20 R 21

Der Hase und der Elefant

Sie glauben, dass die Sonne,
Die sie im Wasser sehen,
Die Sonne in der Tonne,
Würd nicht am Himmel stehen.
Da sprach zum Elefant
Der Hase:
„Du hast
Die längere Nase
Wenn du sie fasst,
Bleib ich lieber am Rand.“
Mit seinem Rüssel fischt
Der Elefant nach einer Sonne,
Die er nicht
Im Wasser fand.
Das bracht ihn fast
Um den Verstand.

Der Schein, der trügt.
Du sollst ihm niemals trauen.
Wenn man dir lügt,
Musst du nach oben schauen!
Bleib deinem Urteil treu,
Denn „fake news“ sind nicht neu!

Der Hase und der Elefant

Sie glauben, dass die Sonne,
Die sie im Wasser sehen,
Die Sonne in der Tonne,
Würd nicht am Himmel stehen.
Da sprach zum Elefant
Der Hase:
„Du hast die längere Nase.
Wenn du sie fasst,
Bleib ich lieber am Rand."
Mit seinem Rüssel fischt
Der Elefant nach einer Sonne,
Die er nicht
Im Wasser fand.
Das bracht ihn fast
Um den Verstand.

Der Schein, der trügt.
Du sollst ihm niemals trauen.
Wenn man dir lügt,
Musst du nach oben schauen!
Bleib deinem Urteil treu,
Denn „fake news" sind nicht neu!

Zügig ins Jahr 2023!

Mobilität 2023

Sie können sich das Ticket sparen,
Die, die auf dem Trittbrett fahren.
Und die, die stehen auf dem Dach,
Legen sich am besten flach
Wegen der Gefahren.
Das Bild macht mich nun doch betroffen:
Summa summarum lass ich's offen,
Ob vielleicht „schlecht gefahren"
Besser sei als „gut geloffen".
Ich möchte es doch hoffen!
Ich wünsch euch einen guten Start!
Gesund und froh, genießt die Fahrt!
Und hoffen wir, ihr kommt gut an,
Zu Fuß, mit Rad, per Eisenbahn…
Lasst Zugluft um die Ohren wehen
-Und das Auto auch mal stehen-
Und spart und spart und spart!

Silberne Hochzeit

Wir kennen uns seit 50 Jahren:
Wir sind nicht mehr, was wir einst waren.
Nun passen sich die Formen an:
Der Mann der Frau, die Frau dem Mann.
Denn so vereint der Zeiten Lauf,
Man gibt sich hin, Frau gibt sich auf.
Es wird ein Ganzes aus zwei Ringen,
Wie Kreise, die sich fest verschlingen,
Die sich vereinen mit der Zeit
Zum Zeichen für die Ewigkeit.